ⓒ이강산

고종석

하루만 더

애지시선 031

하루만 더

2010년 4월 15일 초판 1쇄 발행
2014년 9월 15일 초판 2쇄 발행

지은이 고증식
펴낸이 윤영진
편 집 함순례
디자인 함광일 이경훈
홍 보 한천규
펴낸곳 도서출판 애지
등록 제 2005-5호
주소 300-812 대전광역시 동구 대전로 867번길 46 (삼성동)
전화 042 637 9942
팩스 042 635 9941
전자우편 ejiweb@hanmail.net

ISBN 978-89-92219-25-9 03810

애지시선 031

하루만 더

고증식 시집

□ 시인의 말

게으른 걸음으로 또 한 권의 시집을 내려놓는다.
이번에도 물기어린 훈훈한 입김들이 여기까지 데려다 주었다.
편집자는 독한 쐐기 서너 편, 하고 아쉬워도 했으나
사는 게 헐렁한 나로서는 여전히 멀고 아득한 숙제다.
허나 어쩌랴, 이렇게라도 휘적휘적 가보는 수밖에.
첫사랑 길목을 맴도는 소소한 햇살들이여. 하루만, 하루만 더!

2010년 봄

고증식

차례

제2부

제3부

제4부

제1부

첫사랑

너무 멀리 와버린 일이
한두 가지랴만
십오 년 넘게 살던
삼문동 주공아파트가 그렇다네
열서너 평 임대에
우리 네 식구 오글거리던,
화장실 문 앞에
세 끼 밥상 차려지고
어쩌다 쟁그랑쟁그랑 싸워도
자고 일어나면
바로 코앞에서 얼굴 맞대던,
이젠 쉬 돌아갈 수도 없는
거기, 마음의 집

회춘

새벽같이 밭머리에 나와 앉은
저 망구 할매 좀 보라지
벌써 한고랑 훑었는지
담배 한 대 빼물고 숨 고르는
갓 깬 애벌레같이 뽀얀 얼굴
아마도 겨울 초입에 묻어둔
마늘쪽들 때문일 것이야
한겨울 언 땅을 뚫고 솟아오른
탱탱한 마늘 싹들이
겨우내 굳어 있던 뼈마디
복사꽃으로 물오르게 했을 것이야
흙바닥을 향해 굽은 등이
세상 가득 봄빛을 끌어오는 동안
부끄러워라
짐짓 찔러보는 꽃샘추위에도
금세 샐쭉 돌아앉고 마는
저 꽃나무들의 엄살

생활 전사

사십 줄 문턱에 앓던 남편 보내고
덜컥 간호조무사가 된 여자
정 많은 남편 그늘에서 다른 남정네는
무조건 부끄럽기만 하던
손가락 길고 얼굴빛 희던,
남편 떠나고 삼 년을 그림자처럼 살다가
진폐증 말기 중환자실로 스며든 여자
출근하자 오늘도 침상 하나 둘둘 말아
불구덩이 처넣었다고,
쓱쓱 손 닦고 먹다 만 아침밥 먹는다고,
이젠 아무렇지도 않게 말하는 여자
바야흐로 그 여자

모기에게 배우다

밤새 귓전에 어지럽던
모기 한 마리
어둠 속에 몇 번이나
따귀를 치며 헛손질하고
불 켜고 끝장을 볼까
이를 갈기도 하다가
그래 많이 먹어라
보시하는 마음으로 그냥 잤다
날 새서 보니
한쪽 벽에 코 박고 딱 엎드린
그 놈
살살 다가가
한 방 탁 갈기고 보니
왠지 홀쭉한 뱃구레
피 한 방울 튀지 않는다
아뿔싸!
간밤의 번뇌 다 접고

면벽수행 중이셨구나
그 분

하루만 더

여직 내려놓고 살지 못하는 말 중에 하루만 더, 라는 말 있지 어릴 적 집에 손님이 오면 하루만 더 자고 가라 매달리곤 했는데 몰래 신발까지 감추며 붙잡다 떠나고 나면 그림자 따라가며 하염없이 훌쩍이기도 했지 살아생전 어머니는 훨씬 더하셨지 짠한 친정붙이는 말더라도 뜨내기 방물장수에 새우젓장수에 체장수 아낙들까지 하룻밤 묵어가라 불러 앉히곤 했으니, 얼마 전 북쪽의 위원장 다가와 하루만 더 있다 가라 우리 대통령 앞에 손 내미는 걸 보았지 슬쩍 동네 아저씨처럼 다가들던 그 얼굴, 아직도 얹어지고 싶은 말 중에 하루만 더, 라는 그 말 있지

속으로만

소망이 그 녀석
담임인 날더러
선생님은 살만큼 살았지만
자긴 이제 한창이라고
그래서 태풍 오는 위험한 곳엔
절대 소풍 갈 수 없다고
야죽야죽 되지도 않는 말로
아침부터 복장을 긁어대는
열여섯 살 고 계집애
그래서 나는
이 나쁜 지지배야
살만큼 살았다고 생각하는 사람은
세상 어디에도 없는 거라고
속으로만 한마디 툭 쏘아 주었다

형의 쌀자루

고등학교 때 처음 도시로 유학 온 나는 학교 철조망에 붙은 낡은 기와집에 하숙을 정했는데 스물서넛의 농사꾼 형 따라와 책상도 들여놔주고 하숙비는 쌀 일곱 말을 주기로 하고 돌아갔다 월말이 되면 하숙집 마루에서 쿵 소리가 나곤 했는데 후다닥 나가보면 십리길 걸어 버스를 두 번이나 갈아타고 도착한 쌀자루가 땀을 뻘뻘 흘리며 거기 있었다

연緣

열무밭에 김을 매는데
꽃인 줄 알았나 보다
어깨 위에 문득 나비의 숨결
날개를 접고
가슴께를 더듬어보고
오래 내 눈을 들여다보기도 하더니
이제 그만 돌아서 간다
등 돌린 그녀의 날개가 젖어 있다

오래전에 날려 보낸
그때 그
흰나비 한 마리

어떤 촌지

변변찮은 자식 하나 맡겨놓고 진작 찾아뵙지도 못했다고 애가 행동은 저래도 맘 하나는 그만이라고 그건 내가 더 잘 안다고 세상에 공부가 다는 아니지 않느냐고 사내놈들 만나 사고치는 거나 조심하면 되지 어울려 술 한 잔 담배 한 대 하는 거야 이해 못할 일은 아니지 않느냐고 가급적이면 칭찬 좀 해 주시라고 나도 한때는 완전 저거 했지만 친구들이 다 그래줘서 다시 일어설 용기를 얻었노라고 그러나 무엇보다 중요한 건 아이 문제로 온 게 아니고 선생님 꼭 한번 뵙고 싶었노라고 사람이 살다보면 법보다 몸으로 먼저 해결해야 될 일이 많지 않느냐고 언제든 연락만 하시라고 선생님들은 학교서야 완전 이거겠지만 사회서는 아무래도 좀 저거 하는 편 아니냐고 언놈이든 말씀만 하시라고 내 어떤 연줄을 대서라도 한 방에 해결해 드리겠노라고 여기 이 명함 잘 간직하셨다가 일 생기면 꼭 연락하시라고 우리 딸 고등학교 가도 한번 선생님은 영원한 선생님 아니냐고 그 아버지 내 손을 꽉 잡고 두 번 세 번 흔들면서 다짐하면서

저승길

어허 저기 꽃상여 하나 떠가네
일흔아홉 묵은 술 푸대 덜렁 얹어
둥둥 진달래 꽃길 돌아서 가네
동네 강아지처럼 채이면서도
깡소주 하나로 삼십 년을 버티던 동섭씨
— 자나 깨나 알콜에 헹궈댔으니
저 몸뚱인 썩지도 않을 거라
허리 굽은 동네 성님들 덕담 던져주시네
어이 동섭이, 종처럼 그를 불러대던
일제 때 무슨 조합장을 했다는 강노인도
빳빳하던 고개 오늘은 떨구고 가네
저것 좀 보라지
떡하니 누워 술잔에 절까지 받네
크흐흐 선배 대접이 싫지만은 않은지
출렁, 어깨춤 한번 흔들며 가네

냄새로 읽는 책

방학책 받아오던 날
눈보다 코로 먼저 읽었지
나무보다 싱그러운 나무의 향기
연필 대는 것도 아까워
야금야금 아껴가며 숙제를 했어
물이라도 묻으면
종일 이불 밑에 눌러 펴기도 하면서
새 교과서를 품고 온 봄날엔
저물도록 책장에 코를 박고
버들개지 보송보송 물오르기도 했지
오늘도 나는 새로 만난 책 받아들고
아련한 그리움에 먼저 코를 대본다
냄새만 맡아도 위로가 되는 책
세월 가도 시력만은 하고 바랐으나
지가 먼저 알고 눈은 간다
괜찮다
냄새로 읽으면 된다

아시 부추

혁이 할매 부추밭에
봄 하늘 내려와 찰랑거린다
작은 바람에도 수줍게 몸을 떠는
저 연둣빛 순정
겨울난 첫물 부추는
막둥이 사위도 안 준다는데
영감한테나 살짝 먹인다는데
그래도 며칠 지나면
밑동 빼곡히 한 다발 묶여
현관문에 매달리리라
'고 선상님요,
아시 정구지 한번 잡사 보셔'
작년 이맘때처럼
보살 걸음 살그미 다녀가리라

나무의 말

아닌 척 한세상 서서 건너는 나도
하고 싶은 말이야 많지
못 들은 척 비바람 맞고 엎드린
저 바위라고 왜 또 맺힌 게 없겠나
입술 꽉 깨물고
꾹꾹 속울음 몇 번 삼키다보니
사람들은 그렇거니 돌려버리고
지들도 말하는 법 잃어버린 게지
누구는 말없이 피고 지고
누구는 마냥 엎어져 있어야 한다고
언놈이 그래
비 오면 눈물 한번 쫙 흘려보내고
벼락 치면 가슴 쩌억 갈라
속 한번 확 뒤집어보고 싶은 거지

유언

이모님은 생전에 세 번 시집을 갔으니 첫 남편은 다른 여자를 들였고 두 번째는 아내가 있는 남자, 세 번째는 애 못 낳는다 쫓겨났다 두 아들을 두었으나 둘째는 스물일곱 나이에 엄마 보러 달려오다 차에 받혀 먼저 갔다 여든의 그 이모 오늘 새벽 어릴 때 두고 갔던 큰아들 품에 안겨 몇 마디 남겼는데

야야,
이 손 좀 풀어주래이
내 안 간다
내 갈 데가 어데 있노
미안하다, 미안하다,
내 미워하지 마래이

그러고는 조용히 다시는 눈을 뜨지 않았다

시절들

연탄 한 장이
밥이 되고
국이 되고
구이가 되던 시절

구멍 난 연탄 한 장이
한숨이고
눈물이고
포만도 되던 시절

일 나갔다 돌아온
어느 겨울밤
부엌바닥에 쓰러진
아내를 둘러업고
응급실 달려가기도 했는데

아득하다

연탄 한 장으로
서로를 불붙이던
뜨겁던 날들

제2부

누나

밤늦도록 부엌방에 불빛 일렁이더니 새벽녘 첫차 타러 나온 내 손에 가만히 물 묻은 손이 다가와 얹혔다 시댁식구들 몰래 따라 나온 구겨진 지폐 몇 장

봄밤

동창들 모여
삼차까지 훑고 나오는 길
한녀석 다가와 불쑥 소맷귀 잡는다

야, 허섭스레기들 보내고
어디 가서 딱 한 잔만 더하자

구겨진 허섭스레기 몇은
택시에 실려 가고
남은 허섭스레기 몇은 또
휘적휘적 뒤따라가는데

그저 그만한
허섭스레기들 오종종 모여앉아
서로 얼굴 비벼대는
밤

목련꽃 송이들

폭죽처럼 팡팡 가슴을 열고

아내가 절에 간다

딸아이와 둘이 하던 출근길을
오늘은 세 식구 나란히 집 나선다
아내가 큰 절에 가는 길
시집 와 이십 년 넘게 벼르더니
모질게 맘먹고 하룻밤 새러 간다
— 매일 혼자만 남다 이렇게 같이 나서니
내가 둘인 것 같아,
집에 또 내가 있는 것 같아
처음 봄 소풍 따라가는 어린애 같다
얼굴까지 발갛게 물들어서는
아 어느새 잎이 이렇게 무성해졌네 한다
밤새 몇 번이나 일러주던 낼 아침을
딸아이 귀에 다시 한번 못 박더니
이번 절에 가면 가족을 위해 빌지 않겠단다
그럼 뭐 세계평화라도 기원할 거냐니까
아니란다
이번만큼은 자신을 위해 절할 거란다

자식 욕심 비우고 감사하며 살게 해달라고,
그래 제발 좀 그렇게… 말하려다가
그게 그거지 뭐, 하고
지나는 바람 소리로 한마디 툭 던져 주었다

밥꽃

개나리 유채꽃 아름답대도
저 금빛 출렁이는 벼꽃에 비기랴
불볕더위 건너
온 세상 함성으로 피워 올리는,
농사꾼 아버지에
그 아버지들 피땀으로 차려주신
이 푸진
밥상

고수

콩나물 사고 멸치국물 우려
아들 녀석의 해장국을 끓이는 아침
시원한 국물 한사발이라도
이젠 생생한 실감으로 가닿고 싶다
네 방황의 한 자락에

노름하다 정학 맞게 된 자식 일로
학교 불려간 어느 시인은
여기저기 머리를 조아리고 풀려나와
부드럽게 한마디 던졌다는데
— 그래, 돈은 좀 땄디나?

이 아침
쟁쟁한 햇살에 기대어
그 아비의 경지를 따라가 보는데
— 임마, 빨리 나와 해장국 안 처먹을래!

금강경 몇 줄

팔순 지난 할머니
꼬물꼬물
진종일 기어간 자리

침 묻혀 다듬었나
기름 발라 빚어냈나

늦가을 햇살 아래
푸른 배추밭
하나
둘
세 이랑

면목동 지나며

70년대 초입 큰형은 그때 누런 벼이삭 팽개치고 무작정 열차에 몸을 실은 열여덟의 소년 문 열면 와락 연탄가스 달려들던 방 하나 얻어놓고 중랑교 다리 아래 이동백화점 차렸었지 손수레에 목판 얹어 만년필이며 허리띠며 돋보기며 없는 것 빼고는 다 팔았는데 손님이라야 가끔 라이터돌이나 갈아주고 가스나 한번 채워주는 일이 전부 그래도 버스 타고 청량리 대왕코너 자리로 물건 하러 갈 때면 모처럼 서울 구경에 설레기도 했다지 한 오년쯤 더 버티다 한층 새까매진 얼굴로 낙향하고 말았는데 환갑이 다된 지금도 다시는 서울 얘기 없다 방문 열면 왈칵 연탄재 어지럽던 좁은 빙판길 서울이 첨이라고 오학년짜리 날 데려가 보여주던 새서울극장의 성인 쇼 무대 박노식 허장강 같은 스타들 뒤에서 느닷없이 옷을 활짝 벗어 던지며 등장하던 가슴 큰 여배우들은 또 어디로들 갔는지

하찮은 날

한바탕 울컥하고 집 나온 한낮
술국에 소주 한 병 불러놓고
하염없이 마주 앉았습니다
대상도 없이 끓어오르던 울화가
엎치락뒤치락 고갯마루 넘어갑니다
한 병도 채 못 비워 흐물흐물
지 먼저 알고 풀어져 버리는 몸
영혼의 무게는
육신의 무게보다 더 하찮습니다
쏟아지는 잔소리 안주삼아
사십여 년 꿋꿋이 술병 비워대던
우리 자형 보았더라면
에라이 못난 사람아
단숨에 또 한 병
병나발 불어댈 일입니다

달 때문에

추석날 밤
고향집 마당에 앉아
오래전의 그 둥근달 보네

달빛 동동주 한 잔에
발갛게 물든 아내가
꿈결인 듯 풀어놓는 한마디

— 지금 같으면
당신이 무슨 짓을 해도
다 용서할 수 있을 거 같아

하마터면 울컥
다 털어놓을 뻔했네

나쁜 지지배들

어제 안도현을 배울 때도 그러더니
오늘도 역시나다
교과서를 여니 짠, 하고 나오는 시가
도종환 시인의 '어떤 마을'
반가운 마음에 소개가 길었나 보다
이들 시인이야 나도 조금은 알고
여차여차 술 한 잔 한 적도 있다니까
워어, 워어,
중 일짜리 가시나들 솟아오른다
그쯤으로 끝냈어야 했다
원한다면 한번 모셔 줄 수도 있다고
한 발 더 나아가는데
한 녀석 톡 볼가져 나온다
근데 이 시인들도 쌤을 알아요?
그럴 리가 하는 웃음 까르르르
또 한 놈 툭 비어져 나오며
근데 쌤 시는 언제나 책에 실린대요?

말도 안 돼 하는 웃음 와그르르

약 한 첩

하얗게 날밤 까며
고스톱 한 판 하고 들어온 날

몸도, 마음도,
가장의 권위도 다 무너졌지만

돈이 돈으로 보이지 않으니

그 짓도
더러는 보약 한 첩 되는 일

몰라

왜 다 헐리고 없는지 몰라
고향 집 지척에 두고
그렇게 발걸음 한번 하기 어렵더니
무슨 날만 되면 지병처럼 쿡쿡
꿈속을 달려와 찔러대기도 하더니
맘먹고 찾아온 추석날 아침
왜 묵은 콩밭으로 변해버렸는지 몰라
낡아가는 지붕 아래
늙은 홀아비 혼자 산다고도 하고
홀어미 한숨으로
손주놈 하나 붙들고 산다는 풍문만
잡풀처럼 무성하더니
어릴 적 놀던 마룻장 떨어지고
왜 기왓장 쪼가리만 뒹구는지 몰라
몰라 정말 몰라
그리운 것들 왜 빨리 무너져 내리고
나는 늘 한 발짝 늦는 것인지

경민식당

십오 년만에 옮겨간 여자중학교
수돗가 벚나무들 왠지 낯설고
통통 물오른 꽃봉오리
열여섯 가시내들 쉬 정 붙지 않아
이래선 안 되지 안 되고말고
밤새 다잡은 마음
교문 앞에서 또 와르르 무너져 내리는데

봄은 왔으나 봄 같지 않은
어느 쓸쓸한 저녁
어슬렁어슬렁 혼자 한 잔 하러 갔는데
진짜 생고기만 쓴다는
택시들도 척 알아모시는 경민식육식당
칼질에 홍이 오른 사내 곁엔
들국 닮은 앳된 아낙도 함께 피어
소주병에 서비스라며
맑은 사이다도 한 병 따라오는데

그 사내 날더러 제자라고
얼굴도 몰라보는 날더러 선생이라고
국이나 끓여 드시라
뭉텅 고기까지 한 칼 안겨주는데
몸 둘 곳 없어라
아득한 허방 아래
문밖까지 따라 나온 저 불빛 한 점

칭찬

생전에 이문구 선생께서는 밀양에 가끔 다녀가시곤 했는데 그때마다 이재금 시인은 또 날 불러 같이 자리하는 영광을 주시곤 했다 어느 해 겨울밤 막차 타는 선생을 역까지 바래 드린 적 있는데 홍익회 매점에서 마실 것 두어 병 비닐봉지째 건네드리자 특유의 짙은 눈썹을 꿈틀하더니 한마디 툭 던지셨다 '당신두 영락없는 촌사람이여'

수풀만 무성하고

집을 옮기고 서재를 꾸몄다
책상과 책장을 맞춰 방안 가득 들여앉힌 자리
버릴 건 버리고 챙길 건 챙겨
사나흘 걸려 책 정리도 끝냈다
글 하나는 술술 풀려 줄 그럴듯한 풍경 열리고
자, 이젠 또 무슨 핑계로 뭇 시선들 비껴갈 것인가
일찍이 소설가 빙곡 선생이 얼음골에 낙향하여
큰 맘 먹고 서재를 갖췄을 때
망구의 모친께선 이런 말씀을 던지셨다고 한다

— 하이고 씨부랄거
수풀만 우거지머 뭐하노
토찌비*가 나와야 말이지

* '도깨비' 의 사투리

제3부

아름다운 만남

일주문 앞에 봉고차 서고
갓 핀 구절초 같은
한 다발 수녀님들 쏟아져 내린다
법당 앞에 줄지어 반기는
비구니 스님들 머리 위로
안경알 같은 햇살 반짝거리고
절이 처음이라는 한 수녀님은
발우공양이 큰 걱정이다
그녀의 앳된 걱정을 안다는 듯
오늘 하루 스님들은
발우공양을 접기로 한다
사기그릇에 둘러앉아
그냥 밥 먹는다

바다의 힘

겨울인데도 눈 한 방울 없다고
투덜대는 아이들과 아침을 먹는다
서해안엔 눈발이 덮쳐
기름찌꺼기도 그냥 묻혔다는데
따뜻한 밥상머리
새해 아침부터 눈 타령이다
지난가을 두고 온 만리포 밤바다가
검은 머리칼 풀어 달려든다
숟가락 놓으며 나앉는데
삐리릭, 날아드는 문자 하나
'기름 폭탄에 눈 폭탄에
서해안은 완전 좆되아부렀네
그래도 신년 인사'
서산 유 아무개 시인의 연하장이다
새까맣게 숯덩이 된 가슴으로
구석구석 바위틈 누빈다더니
그 코 평수만큼이나 너너한 여유,

망망대해가 그를 만들었다

사랑이 저만치 가네

예전에는 그러지 않았다
밤 한 톨이라도 생기면 그녀는
내 몫을 먼저 챙겼고
밥을 퍼도 우선적으로 눌러 담았다
언제부턴가
슬슬 중심이 흔들리는 게 느껴졌다
고기 한 근을 끊어도 그렇고
빨래판을 마주하고 앉아도
그 녀석만이 관심사다
어디 사주 같은 걸 보러가도
내 차례는 저만치 밀려난 지 오래
— 공부도 열심히 안하는 게
뭘 해 먹고 살까 불쌍해서 그래
말은 그렇게 하지만
시시콜콜 잔소리 같은 것도 따라가
지지고 볶고 짜그락거리는 소리마저
이제 내 몫은 아닌 거 같고

이래저래 한소리 안할 수 없다

야 임마,

엄마한테 좀 잘 해!

한가위

머룻빛 밤하늘에
뭇별들 초롱하고

훈훈한 달빛 따라
담장을 넘는 노래

길갓집 계집아이
구구단 외는 소리

혹, 혹은

젊어서는
젊다고
마음대로 안 되더니

나이 드니
나이 든다고
뜻대로 되지 않는다

쓸쓸한
불알 두 쪽

오 대니 보이

한때 우린 불꽃으로 만나곤 했지
한여름 폭염 속 허름한 골방에 모여
서로의 홧홧한 가슴 어루만지던 때
밤새워 맑은 소주병 눕히며
우리 빛나는 절망을 향해 엉거주춤
울음으로, 웃음으로 서 있곤 했었지
절정은 언제나 철철 넘치게 따라주던
당신의 흰 고무신 술잔
고단한 뒤꿈치를 우려낸 술잔 따라
어김없이 불려나오던
아 목동들의 그 피리소리 듣노라면
이쯤에서 우리 한세상 다 흘려보내도
크게 아쉬울 건 없네 생각도 했지
오늘 문득 날아든 당신의 편지 한 장
훌쩍 건너뛴 이십 년 세월 저쪽에서
피 끓는 청년 하나 말없이 웃고 섰다
하얗게 닦은 고무신 가득

찰랑찰랑 맑은 소주 한 잔 부어들고

자정 무렵

아파트 입구에 학원차 서고
돌돌 무장한 집토끼 서너 마리
겨울밤 총총 가로지른다
등딱지로 굳어버린 책가방도
쪼르르 막사로 빨려든다
창문에 붙어있던
눈 빨간 엄마 토끼 달려 나가고
무사귀환을 반기는 현관엔
폭죽 같은 불빛 반짝,
적들의 공습은 기약이 없고
작은 토끼야 들어와
어서어서 새우잠 눕히거라
날 새면 또 총 들고 나가봐야지

기억의 힘

청양 장곡사 입구 장승공원의 민머리 대장군 하나 나무의 기억 고스란히 새 잎 툭 틔워 내시었다

어머니 생각

고향 찾아가는 프로를 보는데
막잠 자고 난 누에 같은
말갛게 속이 보이는 동네 노인들
참 많이도 모아 놨다
하긴 노인들도 아니다
이웃 삼동네 다 뒤져봤자
핏기 도는 것들이야 씨 마른지 오래
아흔 줄에 든 정막동 여사쯤이나
할머니 소릴 들을까
칠십 짜리들이야 그냥 새댁들이다
어쨌든 정할머니 율동과 입담에
딸 같은 새댁들 까르르 까르르
사방에서 꽃잎들 팡팡 터져쌓는데
대명천지 이 좋은 세상 두고
어머닌 어딜 가셨나
쌀말이나 꾸러 구장네 가셨나
비탈밭 인구러 호미 들고 나가셨나

새댁 같은 칠십 줄에

착 꼬부라진 허리로 허위허위

부부

타다 만 연탄재가
한 몸으로 붙어 있다
밤새워 온기를 불어주던 뜨거운 숨길

쉰 중반을 겨우 넘겨
형은 끝내 파산하고 말았는데
손 털고 나앉으니 셀 먼저 찾아온 손님,
어르고 달래던 당뇨가 합병으로 달려들어
눈이 가고 발목이 붓고 관절을 주저앉혔다
빚쟁이 몰리듯 추위는 붐비는데
비싼 기름보일러 연탄으로 바꾸며
가뜩이나 검은 얼굴 더 꺼메졌다
한때 화력을 앞세워 밖으로만 나돌던 형을
절대 놓아줄 수 없노라고
무덤 끝이라도 따라가겠노라고
우리 형수씨 틈만 나면 부르짖곤 했는데

왜 아니 눈물겨운 사랑이랴
왜 아니 아름다운 집착이랴

허기공화국

덕이 할매 오늘도
봉고차에 실려 깻잎 따러 간다
삼만 원 하루 품값 받아 들고
속주머니 다독다독 쓰다듬는 손

노가다로 뼈가 굵은 영이 아빠
어제 일당 팔만 원 벌었다
오늘은 비가 와 담배나 빨지만
내일은 갠다니 다행이다

놀고먹는 김사장네들
골프공 땅땅 때려가며
경기가 안 풀려 큰일이란다
경기 때문에 공도 안 맞는단다

이국장 마누라들 덩달아
경제, 경제, 경제,

경제 어려워 못 살겠다고
부드러운 명품 갈비 뜯어가며
구색 맞춰 앵앵거린다

방울토마토

시집 한 권 낳아 놓고
한동안 너희들에게 소홀했다
변변찮은 자식 치다꺼리
얼뜬 애비 노릇에 겨워
그래도 아침이면
말갛게 씻은 얼굴로 달려와 안기는
지리도 고마운 것들
더러 제 성질 못 이긴 몇은
고운 볼에 주욱 칼금을 그으며 가고
손길 기다리던 성급한 몇은 또
보란 듯 데굴데굴
바닥을 구르기도 하지만
햇살따라 조르르 볼 붉히는
초롱한 그 마음이야 어디 가겠나
방울토마토
하늘같이 둥근 내 반 가시내들아

따뜻한 손

오늘이 말복이라고,
닭 한 마리 목욕시켜 놨다고,
재영이네서 얼른 좀 오시란다
우리집서 한 잔 한 게 엊그젠데
그 새를 못 참아 또
무슨무슨 날을 떠올려냈다
한 달 넘게 장맛비는 질금거리고
폭우에 무너진 고향소식에
마음만 동동거리는 저녁인데
눅눅한 가슴을 파고드는
저리도 먹먹한 손길 하나
어서 건너오라고
불어난 흙탕물 함께 건너자고

삽질

낙동강역 가운데 두고 사방 파뒤집는다
마당 가 할머니 탁주집을 파먹더니
손바닥만 한 역사 앞까지 치고 들어온다
순식간의 일은 아니다
한때 잘나가던 추억이나 음미하라는 듯
야금야금 목 밑을 조여온다
늙은 빛나무 한 그루 졸다가 자다가
스스로 투신이라도 하지 않으면
한 삽에 무너져 내릴 터

농사짓는 전직 대통령을 그렇게 보냈다
무자비한 삽날이 그의 목을 향해 날아올 때
우리는 팔짱 낀 구경꾼으로 서 있었다
여차하면 돌이라도 들 자세를 하고,
그는 우리에 든 짐승처럼 서서히 외롭다가
맨몸으로 돌벽을 밀어보기도 하다가
바위를 향해 온몸을 던져버렸다

결코 짐승이 될 수는 없었으므로

오래전 힘줄이 끊어져버린 오른팔이
말없는 고통을 끌고 바닥을 향해 가고 있다
재활을 기대하며 부지런히 쇳덩이도 들어봤으나
이승에선 그냥 그렇게 끝날 모양
해가 갈수록 수분이 증발하는 팔뚝을 보며
말라가는 가지를 둔 나무의 마음을 생각했다
누군들 비껴갈 수 있으리
이제 순응의 팔뚝을 앞세워 귀가 가고
눈이 가고 발가락 하나까지 따라갈 것이다

얼마나 오래 가겠나
강물을 거슬러 오르는 먹통들의 영화

오라, 삽질이여

내가 착해질 때

모처럼 방에 누워 시집 한 권 읽는데
엊그제 중학교에 든 딸아이 다가옵니다
조금만 자고 공부하면 안 되겠냐고
가만히 품안에 파고듭니다
아빠 심장은 너무 느리게 뛴다고
웅얼웅얼 몇 마디 투정이더니
쌕쌕 고른 숨소리 들려옵니다
이마에 가만히 입술을 대고 있으려니
비누 내음인지 꽃 내음인지
시 한 줄 읽고 숨소리 한번 듣고
숨소리 듣다가 얼른 또 시 한 줄 봅니다
그러고 보니 시집 제목이
서정홍의 '내가 가장 착해질 때' 입니다
우리 강아지 오래오래
철들지 않았으면 생각했습니다

제4부

위대한 유산

일흔일곱 한 생이
훌쩍 등 돌려 떠난 자리

열여섯 새색시로 만나
한평생 손마디로 굳어버린
은가락지 한 쌍과
칠순 때 시집간 딸이 끼워준
두 돈짜리 금가락지 하나

등껍질로 깔고 누운 담요 밑엔
일금 사만칠천삼백 원이 든
우체국 통장도 하나

강 건너는 영혼 앞에
한 가지씩 나눠들고
사형제 엎드려 곡소리 높다

겨울나무

마른 잎 떨구고
알몸으로 우뚝 선 나무들 보며
당신 생각합니다
맨몸으로 서니 저리 꿋꿋합니다
서리 내려도 춥다 하지 않고
눈덩이 짓눌러도 울음 한번 없으니
사백 년 넘게 동구 밖 지키고 선
당신은 저 당산나무입니다
언젠가 당신은
내가 뭘 한 게 있냐 말하셨지요
더러는 가슴 쩍쩍 쪼개
하얗게 불살라버리고 싶을 때
왜 없겠냐고도 하셨지요
오늘도 바람 앞에 버텨 선 당신
그렇게 꾹꾹 뭉쳐 옹이를 키우고
봄이 오면 새 잎 툭 틔워낼 당신
허전한 내 곳간 속에서

늘 옷을 벗고 옷을 입는

당신, 당신

일학년 교실

엊그제 털려나온
투명한 비닐봉지 속 참깨란 놈들
서로 얼굴 비벼대며
꼬물꼬물 눈빛 반짝이는 고것들
잠시 분위기 파악이 끝났는지
데굴데굴 까르르 조용할 줄 모른다
회초리 땅땅 두드려 대고
짐짓 을러도 보았지만 막무가내
집안이 온통 깨소금 밭이다
베란다에 자리를 펴 주었더니
이내 못 다한 잠 눈이 부시다

등불

악양 처사가 감 한 상자 보냈네
연꽃봉오리 닮은 평사리 대봉감
아내는 내 방 책꽂이 위에
연등 달듯 한 줄로 감을 세워놓았네
따뜻하여라
가난한 시인이 밝혀준
늦가을 환한 불빛

가벼운 짐

아침나절 밭머리서 만나더니
저무는 노을 속
붐비는 마트 앞에서 또 본다
앞집 사는 저 홍길씨 모친
귀는 갔어도 눈빛은 살아
부추 몇 단 깻잎 몇 장으로
팔순의 여름 해 붙잡고 있다
농사짓고 장사 하니
나도 어엿한 투 잡스라고
서방님 먼 길 떠나고
거둬야 할 자식 없으니
그저 입 하나 벌어 쓰면 된단다
나와 딱 마주치자
반가워라 눈빛부터 일렁이는데
더위 먹어 늘어진 정구지 몇 단
억지로 안겨준다
그 집 밭에서 지린 새끼들이니

일 년치 소작료나 하라고
훌훌 그렇게 하루를 밀고 가는
저 낡은 유모차 한 대
내 등에 얹힌 짐이
문득 가볍다

동행

십오 년을 같이 산
똥개 누렁이
간밤에 먼 길 떠났습니다

저녁 그릇 싹싹 비운 뒤
작은 제 집에
이불까지 잘 끌어다 덮고

울음 한번 없었습니다

자는 잠에 가야지
살아생전 늘 소원이시던
어머니 따라

새벽강

건널 수 없어라

네 가슴에
비수로 꽂은 말 몇 마디

긴긴 젖은 편지로 달려
밤새 울음이고 싶은데

안개 속 서성이며

너는 너대로
나는 나대로

살 맛

오랜만에 얼굴이나 보자고
맛있는 거나 좀 먹자고
장소 메뉴는 날더러 정하라는데
장소는 그렇다 치고
암만 뒤적거려도 맛있는 게 뭔지
땡기는 게 없으니
어디 사무치는 얼굴인들 있겠나
중학교 때 읍에 따라가
처음 먹어본 짜장면 한 그릇
개울 건너 약방집 은순이
고 가시내 하얀 얼굴만큼이나
삼삼하게 아른거리던 그 맛
어느 토요일 오후였던가
이십 리 타박타박 읍냇길 걸어
꿈같은 짜장 한 그릇에
날 저물어 돌아오기도 했는데
그런 집 어디 없나

몇 십리 자갈길 달려가 만나는
사무치는 그리움 하나

흔적

늦가을 속으로 그는 떠나갔다
자르르 기름기 흐르던 말솜씨
그 완강하던 어깨 다 내려놓고
하룻밤 새 관 속에 들어가 누웠다
덩그렇게 남은 빈 책상에
새물내 풀풀 날리는 명패 하나
겨우 한 뼘쯤 더 큰 자리를 위해
얼마나 모질게 달려온 길이었나
얼룩진 금박의 활자들을 지우며
늦가을 햇살은 내리고
그 자리가 부러운 나뭇잎 몇 장
책상 주변을 기웃거리고 있다
가장 확실한 망자의 부재 앞에
가장 불확실한 존재들 몰려들어
햇살의 향방을 다투는 시간
유언 한마디 없이 훌쩍 등 돌린
그이 뒷모습 오히려 환하다

실언

고향에서 이발로 먹고 사는
깎새 형이 들려준 우스개 한 토막

바야흐로 설 단대목에
오줌 누고 뭐 볼 새도 없이 바쁜데
엊그제 새로 들인
머리나 감기는 시다 녀석 하나가
세상 둘도 없는 뺀질이더라고
그 녀석 그날따라 별나게 더 뺀들거려
보다 못한 깎새 형
버럭 한소리 질렀다는데
— 야 이놈 자식아, 그만 좀 뺀질거리고
얼릉 여 와 손님 대가리나 감겨!

순간, 길게 목 빼고 엎드렸던 그 손님
문제의 대가리 번쩍 치켜들고
한참이나 뻥하게 쳐다보더라고

너에게

밤중에 쫓아낸
자식의 뒷모습을 보는 일
하룻밤 새 십리나 수척해진
아내의 눈빛을 보는 일
줄담배로 꺼칠해진 마음에
갑자기 빛을 잃고
잡동사니로 나뒹구는 가구들
애를 쓰면 쓸수록 비어져 나오는
세상에서 가장 어려운 일은
그 회한을 다잡는 일
어느 하루
흔들리지 않은 날 있었으랴만
접고 또 접고
비우고 또 비워도
어느새 심장을 쿡쿡 찌르고 가는
한번도 자랑이 되어보지 못한
슬픈 내 자화상

곁다리들

토마토 곁가지를 따주다가

심줄 툭툭 불거져 나온
원줄기 거친 뼈마디를 본다

한 탯줄에 온몸을 매달고
줄기차게 젖을 빨아대는
방울토마토 푸른 뺨 위로

따주면 따줄수록
빳빳이 고개 쳐들고 나서는
저 무성한 곁다리들

너무하다
젖 한번 물려본 적도 없는
저 허우대만 멀쩡한

흐르는 돌

우리집에 가끔 놀러오는 올해 오학년 유석이는요 지난해 온 식구 목숨 걸고 넘어온 탈북자 가족인데요 말도 다르고 공부도 다르고 학교 가면 거의 입 다물고 지내는데요 테레비 컴퓨터보다 반딧불이랑 노는거이 훨씬 좋았시요 공부, 공부, 하지 않고 많이 놀 수 있어 좋았시요 조심조심 털어놓기도 하는데요 엊그제 시험에선 그 어려운 사회를 50점이나 받았노라 배시시 얼굴 한번 펴보기도 하는데요 그 웃음 왠지 짠해 돈 천 원을 줬더니 아이받겠는데요, 아이받겠는데요, 도리질에 손사래에 끝내 울상 짓고 마는데요 아 물길에 쓸려온 이 작은 돌멩이 하나

해바라기

평생 한 사내만 바라고 산 여자
금빛 후광 너울 쓰고
가슴 가득 까맣게 사리로 맺힌,

내 친구 왕별

친구가 별을 달았다
한낮에도 빛나는 크고 우뚝한 별
그를 왕별이라 부르는 건
별밭에 내리는 출세가 부러워서는 아니다
초등학교 때부터 붙어 다닌 것도 모자라
군대까지 따라간 질긴 인연 때문도 아니다
우리가 아는데 그에게는 빽이 없다
아무리 서발장대 휘둘러봐도
장군은커녕 부대 근처 일가 빽 하나 없다
고등학교 때 논두렁 베고 돌아간 아버지와
평생 흙 고랑에 청춘을 묻어버린 어머니
교복에 매달리던 어린 세 동생이 전부였다
졸지에 가장을 짊어진 그가
대학도 던지고 삼사를 간 건 당연했다
삼십 년을 쌓아올린 피 묻은 별
우리는 그 별에서 서늘한 푸른 눈물을 본다
노력이 별 달아주는 건 아니라는 이 땅에서

언 땅을 비추는 햇살의 뿌리도 본다
우리들 어깨 위에도 별이 뜬다는 걸 보여준
그래 네가 진짜 왕별이다

□ 해설

만천하에 유포되어야 할 합법적 거짓말

최영철(시인)

빠르게 변화하는 세상과 보조를 맞추기라도 하듯 지금 새로운 시인들에 의해 새로운 시가 쓰여지고 있다. 현대문명이 인간의 상상력을 앞질러 질주하고 있듯이 최근 등장한 새로운 시인들이 구사하는 상상력의 진폭 역시 앞 세대가 따라잡기에 힘든 부분이 있다. 그런 최근 시들이 대체로 종횡무진 내달리는 난타에 가깝다면 고증식의 시는 깊은 산사에서 울려퍼지는 범종 소리에 가깝다. 궁― 하고 한번 내리친 소리가 산을 넘고 물을 건너 사방팔방으로 흩어질 때까지 기다리는 것, 그렇게 울려퍼진 소리가 잘게잘게 부서져 흙에 묻히고 물에 스며들 때까지 잠자코 기다리는 것, 그래서 한 가닥 연기처럼 곧 아무 자취도 없이 조용해지는 것. 숨가쁘게 진행되는 오늘날의 속도에 견주어볼 때 그것은 미련하고 단조로운 가락임에 분명하다. 오늘날의 속도는 거기에 비한다면 어디로 튈지 그 종적을 가늠할 수 없다. 그 종잡을 수 없는 진로와 서로 다른 것들이 뒤섞이고 충돌하는 과정에서 자아내는 효과가 오늘의 시가 노리는 전략이라면 전략일 것이다. 그것은 그 시를 생산한 시인들의 독자적인 선택이라기보다는 복잡하게 얽힌 세상의 무늬를 드러내는 한 방편으로 선택된 전략에 가깝다. 삶은 갈수록 얽히고설킨 양상으로 치닫고 있어서 단순한 구조로 그 무늬를 드러내는 것은 불가능해 보인다. 앞의 것이 그 다음 것과 충돌하고 힘겨루기를 하고, 그렇게 부딪혀 부서진 잔해가 그 다음 것과 사투를 벌이며 나아가는 시 속에는 당대의 모순과 질곡과 배반 같은 것이 꼬여있어서 매듭을 찾아내기가 쉽지 않다. 그들의 전략은 갈등을 해소하는데 있지 않고 갈등을 부채질하는데 있는 것으로 보인다. 그렇게 문제의 심각성을 확산하고 공유하고자 하는 전략일 것이다.

거기에 비해 고증식의 시는 짧고 단조롭다. 그것은 길고 복잡한 시에 비해 덜 진화한 상태로 여겨질 수도 있겠으나 동업자로서 감히 말하건대 사실은 고증식처럼 짧고 간명하게 쓰는 것이 더 어렵다. 거칠게 분류한다면 복잡한 시들이 독자와 함께 단서를 찾아나서는 긴 여정인데 반해 짧은 시는 시인의 절차탁마에 의해 최종의 진언을 꺼내 보이는 방식이다. 앞의 것이 모호한대로 무작정 길을 나선 후 그 도정의 진퇴양난을 보여주는데 비해 뒤의 것은 최종적으로 걸러진 알맹이만을 보여주려는 욕망이다. 앞의 것을 보다 근대적인 것으로 뒤의 것을 전근대적인 것으로 구분할 수도 있을 것이다. 그만큼 우리가 살아가고 있는 현재는 뚜렷한 실체를 포착할 수 없거나 한두 가지 양상으로 설명되지 않는 부분이 있다. 그렇다고 뒤의 것을 전근대로 몰고 가기에도 석연치가 않다. 절제되고 축약된 방식으로 희망을 열어 보이는 것은 시라는 장르가 올곧게 고수해야 할 하나의 전형에 가깝기 때문이다. 축약된 희망을 열어 보이는 일이 갈등의 과정을 여지없이 드러내는 일보다 수월하거나 단순하지만은 않은 이유도 거기에 있다. 치솟는 열정을 따라가는 일만큼이나 그것을 억누르고 집약해 내는 일도 여전히 힘겹다.

새벽같이 밭머리에 나와 앉은
저 망구 할매 좀 보라지
벌써 한고랑 훑었는지
담배 한 대 빼물고 숨 고르는
갓 깬 애벌레같이 뽀얀 얼굴
아마도 겨울 초입에 묻어둔

마늘쪽들 때문일 것이야
한겨울 언 땅을 뚫고 솟아오른
탱탱한 마늘 싹들이
겨우내 굳어 있던 뼈마디
복사꽃으로 물오르게 했을 것이야
흙바닥을 향해 굽은 등이
세상 가득 봄빛을 끌어오는 동안
부끄러워라
짐짓 찔러보는 꽃샘추위에도
금세 샐쭉 돌아앉고 마는
저 꽃나무들의 엄살

—「회춘」 전문

자 여기 시인의 눈에 포착된 한 풍경이 있다. 단잠을 떨치고 일어난 새벽 산책길이었을까. 시인의 눈에 "새벽같이 밭머리에 나와 앉은" "망구 할매"가 포착된다. 할매는 지금 "담배 한 대 빼물고 숨 고르는" 중이다. 대도시에서는 만나기 힘든, 지금 시인이 살고 있는 밀양 같은 소도시, 그 중에서도 외진 변두리 주택가에서나 만날 법한 풍경이다. 도시도 아니고 시골도 아닌 어중간한 경계지점이어서 오히려 더 눈에 띈 풍경이기도 했을 것이다. 시골이었다면 그다지 문제 상황이 아니었을테고 도시였다면 억척스러운

회귀본능 쯤으로 치부될 수도 있었으리라. 그렇지 않고 반촌반도의 도시 외곽, 서로 다른 속성이 어중간하게 공존하거나 불협화음 속에 있는 시인의 거주 공간은 그 대수롭지 않은 상황에서 삼라만상의 상호교접을 보게 한다. 밤과 낮의 경계인 새벽이 그 시간적 배경이 되고 이제 막 얼굴을 내민 여린 싹들이 땅과 하늘의 경계에서 발화했다. 그런 경계지점의 발화물이 "갓 깬 애벌레같이 뽀얀 얼굴"이며 "한겨울 언 땅을 뚫고 솟아오른/ 탱탱한 마늘 싹"이며 "금세 샐쭉 돌아앉고 마는/ 저 꽃나무들의 엄살"이다. 망구 할매의 새벽 노동을 놓치지 않고 포착할 수 있었던 것, 그것을 소멸과 생성의 경계가 자아내는 긴장된 정점의 순간으로 그려내기까지 시인은 많은 상념을 버리고 많은 곁가지들을 쳐내는 지난한 과정을 거쳤을 것이다. 물론 그 과정은 도식화의 수렁에 빠질 위험이 있다. 그런 도식회의 혐의는 세계와의 불화를 택하든 화해를 택하든 어느 쪽이든 갖고 갈 수밖에 없는 위험성이다. 짧은 시의 경우 그런 도식화의 혐의를 더 강하게 받을 수밖에 없는데 고증식의 시는 짧되 결과에 이르기까지의 과정을 가감없이 드러냄으로써 그 위험성에서 벗어나고 있다.

　밤새 귓전에 어지럽던
　모기 한 마리

어둠 속에 몇 번이나
따귀를 치며 헛손질하고
불 켜고 끝장을 볼까
이를 갈기도 하다가
그래 많이 먹어라
보시하는 마음으로 그냥 잤다
날 새서 보니
한쪽 벽에 코 박고 딱 엎드린
그 놈
살살 다가가
한 방 탁 갈기고 보니
왠지 홀쭉한 뱃구레
피 한 방울 튀지 않는다
아뿔싸!
간밤의 번뇌 다 접고
면벽수행 중이셨구나
그 분

—「모기에게 배우다」 전문

이 시의 발단은 밤새 귓전을 어지럽힌 모기 한 마리와의 실랑이이고 결과는 피 한 방울 없는 모기의 주검이다. 모기의 면벽수행을 일리는 시적 상지는 여러 갈래가 있을 수 있을 것이다. 피를 빨지는 않고 공중을 선회하는 것만으로도 모기의 수행은 입증될 수 있고, 한쪽 벽에 코 박고 딱 엎드린 무저항으로 일관하다가 죽어서도 피 한 방울 보이지 않은 것만으로도 모기의 고행은 충분히 입증된다. 그런데 시인은 "어둠 속에 몇 번이나/ 따귀를 치며 헛손질하고/ 불 켜고 끝장을 볼까/ 이를 갈기도 하다가/ 그래 많이 먹어라/ 보시하는 마음으로 그냥" 잔 모기와의 결전을 적나라하게 밝히고 있다. 실재 시인이 그런 행동을 취했을 수도 있고 아닐 수도 있지만 이 쟁투의 과정으로 하여 모기의 면벽수행은 화려하고 효과적으로 완성된다. 다음날 아침 확인된 모기의 순결(면벽수행)은 더 고귀하게 빛을 발한다. 아뿔싸, 간밤 시인의 노심초사는 보기 좋게 케이오패 당했다.

여직 내려놓고 살지 못하는 말 중에 하루만 더, 라는 말 있지 어릴 적 집에 손님이 오면 하루만 더 자고 가라 매달리곤 했는데 몰래 신발까지 감추며 붙잡다 떠나고 나면 그림자 따라가며 하염없이 훌쩍이기도 했지 살아생전 어머니는 훨씬 더하셨지 짠한 친정붙이는 말더라도 뜨내기 방물장수에 새우젓장수에 체장수 아낙들까지 하룻밤 묵어가라 불러 앉히곤 했으니, 얼마 전 북쪽의 위원장 다가와 하루만 더 있다 가라 우리 대통령 앞에 손 내미는 걸 보았지

슬쩍 동네 아저씨처럼 다가들던 그 얼굴, 아직도 엎어지고
싶은 말 중에 하루만 더, 라는 그 말 있지

—「하루만 더」 전문

시한부 선고를 받은 중환자가 아니더라도 삶은 늘 불안하고 불확실한 것이다. 몇 개월밖에 살지 못한다는 말기암 환자에게 내려진 선고만큼이나 예기치 않은 사고에 방치된 오늘의 삶 역시 불안하다. 중요한 것은 무한정 주어진 시간이 아니라 치열하게 살아내야 할 지금 이 시간이다. 치열한 오늘은 죽음이 있어 가능했다. 생명과 더불어 주어진 이 죽음의 대전제는 인식하기에 따라서 행운일 수도 있고 불운일 수도 있다. 죽음을 덧없는 종말로 인식하면 불운이겠으나 언제 닥칠지 모를 죽음 때문에 더 가치 있기를 바라게 되었다면 그것은 행운이다. 가상으로 설정된 이야기이기는 하지만, 과학문명의 발달로 머지않아 인간의 노후 장기를 마음대로 교체하는 시기가 올 것이라는 것을 예견한 학자가 있다. 영국 노화연구가 커크우드는 〈우리 생명들의 시간: 인간 노화의 과학〉이라는 저서에서 노화, 즉 죽음이 극복된 사회의 인간 정체성에 대한 흥미로운 질문을 던지고 있다. 그가 설정한 상상 속의 주인공 미란다는 죽음이 극복된 사회의 구성원임에도 불구하고 곧 죽을 운명에 처해 있다. 폭발적인 인구 증가를 막기 위해 사고사

로 죽는 사람을 보충하는 선에서 아이는 하나만 낳도록 하고, 둘을 원할 때는 자신의 장기 교체를 포기해야 하는 것이었다. 그녀뿐 아니라, 영생이 가능한 미래사회에서도 자신이 죽는 조건을 수용하며 자식을 둘 낳는 여자들이 있다는 설정을 하고 있다. 그것이 인간의 희망이다. 무한정 주어진 시간 앞에 무료하게 방치된 것이 아닌 각자에게 주어진 유한한 시간을 맹렬하게 살아가는 것이 더 가치 있고 아름답다. '하루만 더' '하루만 더' 라는 간절하고 지극한 희구였을 때 시간은 비로소 고귀하게 빛난다. 시 역시 시인 스스로 선택한 벼랑 앞에서 간절하고 지극해지는 양식이다. 북 위원장의 '하루만 더' 는 정치적 언술이거나 우리 고유의 정서가 표출된 것이겠지만, 헛말이라도 이런 미덕이 그리울 때가 있다. 고증식의 품성에는 여전히 이런 미덕이 있고 이제 보니 그 뿌리는 어머니였다. 어머니의 어머니의 어머니였다. 이 간절한 바람은 제 집을 찾아온 손님에게만 할 것이 아니라 사실은 매일매일 자신에게 다짐해야할 주문이 아니겠는가. 하루만 더 잘 살자. 하루만 더 열심히 살자. 그만큼 우리는 지난 시간을 너무 허비했고 지난 인연들에게 너무 소홀했다. 그 반성 때문에라도 우리는 남은 시간 앞에 애걸복걸해야 한다. 모든 대상 앞에 간절해지는 시인의 심사는 그래서 가능하다. 우리에게 필요한 것은 무한정 주어진 시간이 아닌 유한한 단 하루로서의 나날이다.

열무밭에 김을 매는데
꽃인 줄 알았나 보다
어깨 위에 문득 나비의 숨결
날개를 접고
가슴께를 더듬어보고
오래 내 눈을 들여다보기도 하더니
이제 그만 돌아서 간다
등 돌린 그녀의 날개가 젖어 있다

오래전에 날려 보낸
그때 그
흰나비 한 마리

―「연緣」 전문

굳이 불교 교리를 들먹일 것도 없이 시에서의 모든 인연은 우연이 아닌 필연이다. 살랑대며 지나간 바람 한 점도 오랜 시간 준비된 필연이며 어깨를 후려치는 빗방울도 억겁의 인연을 거쳐 여기에 왔다. 하물며 예쁜 날개를 팔랑이는 나비일진대 그 설레임이 적을 리 없다. 나비의 진의와는 아무 상관없이 시인의 감격은 상상의 나래를 편다. 시인은 원래 어떤 착각 속에 사는 자이고, 그 상상의 세계는 원래 거침이 없다. 다른 것의 눈치를 볼 필요도, 기승전결의 수순과 과학적 근거를 따를 필요가 없다. 그런 면죄부에 힘입어 "열무밭에 김을 매는" 자신을 꽃으로 둔갑시킨다. 평범한 나비의 날개짓은 "어깨 위에 문득 나비의 숨결/ 날개를 접고/ 가슴께를 더듬어보고/ 오래 내 눈을 들여다보기도 하"는 에로틱한 행위로 변주된다. 이왕 내친 김, 거기서 머물지 않고 이제 그만 돌아서가는 "등 돌린 그녀의 날개가 젖어 있다"고 실토한다. 그리고 그렇게 애절하게 왔다가 돌아서는 '그녀' = '흰나비 한 마리'는 오래전에 그가 날려 보낸 '그때 그' 사랑이었다고 고백한다. 순진한 사람이 들으면 깜박 속아 넘어갈 사연이다. 하지만 거짓말이다. 시인은 이런 거짓말을 식은 죽 먹듯이 한다. 그리고 그 거짓말은 만천하에 유포될 수 있는 합법적 거짓말로 장려된다. 유희로서의 가치와 함께 낱낱의 의미를 새롭게 조명하는 존재론적 가치를 공유하기 때문이다.

고증식 시의 원천은 가난하지만 따스했던 공동체의 기억 속에 존재한다. 고향, 산천, 가족, 이웃…. 그 속에 뿌리내린 기억의 저장고에 시의 원천이 있다. 이를테면 시 「누나」에서는 "밤늦도록 부엌방에 불빛 일렁이더니 새벽녘 첫차 타러 나온 내 손에 가만히 물 묻은 손이 다가와 얹혔다 시댁식구들 몰래 따라 나온 구겨진 지폐 몇 장"과 같이 핏줄 사이에 흐르는 끈끈한 가족애를 드러냈다. 이와 유사한 경험은 오늘의 기성세대 대부분이 갖고 있는 기억이지만 그것을 되새김질 하지는 않는다. 오히려 그 시절을 대책 없는 빈곤과 온정주의로 치부하는 경우가 많다. 시인이 굳이 이런 일화들을 환기하고 있는 것은 지금 빠르게 진행되고 있는 가족해체의 소용돌이와 무관하지 않을 것이다. 자식이 부모를 죽이고, 부모가 자식을 죽이는 일이 심심찮게 일어나고 있고 형제간의 우애 역시 아주 먼 옛날의 관습이 되어가는 중이다. 얼마 전 텔레비전 뉴스에서 갓난아이를 방치해 죽음에 이르게 한 젊은 부부와 모텔에서 몰래 자식을 낳아 죽이고 태연하게 걸어 나간 젊은 여자의 이야기를 본 적이 있다. 어려운 살림에도 불구하고 자기 집을 찾아온 손님에게 몇 푼의 여비라도 쥐어 보내야 직성이 풀렸던 게 엊그제 같은데 벌써 전설 같은 이야기가 되어버렸다. 억지로 찔러 넣어주는 돈을 내던지고 저만치 달아나면 거기에 지지않고 또 저만큼 따라붙던 신작로의 풍경을 이제 어디에서도 만나기가 어렵다.

그런 아쉬움에서 고증식과 나는 일맥상통한다. 그리고 그 아쉬움은 사람들의 마음 씀씀이에만 있는 것이 아니라 지금도 그윽하게 눈에 아른거리는 풍경들의 소멸에 대한 아쉬움으로까지 이어진다. 완만하고 고즈넉하게 구부러지던 고샅길에 대한 추억, 시야가 환해지던 들녘에 대한 추억. 그것은 궁핍이 준 불편이었으나 이제 생각하니 그것은 궁핍이 준 따스한 선물이었다. 그런 의미에서 시인은 앞을 내다보는 자이기도 하지만 지금은 그보다 절실하게 뒤를 돌아보는 자이기도 해야 할 것이다. 과거는 그것이 불편하고 부끄럽고 궁색했다 할지라도 형편없이 취급되거나 무차별로 폐기처분되어야 할 대상만은 아니다. 고증식의 시가 그것을 알고 있다.

왜 다 헐리고 없는지 몰라
고향 집 지척에 두고
그렇게 발걸음 한번 하기 어렵더니
무슨 날만 되면 지병처럼 쿡쿡
꿈속을 달려와 찔러대기도 하더니
맘먹고 찾아온 추석날 아침
왜 묵은 콩밭으로 변해버렸는지 몰라
낡아가는 지붕 아래
늙은 홀아비 혼자 산다고도 하고
홀어미 한숨으로
손주놈 하나 붙들고 산다는 풍문만
잡풀처럼 무성하더니
어릴 적 놀던 마룻장 떨어지고
왜 기왓장 쪼가리만 뒹구는지 몰라

몰라 정말 몰라
그리운 것들 왜 빨리 무너져 내리고
나는 늘 한 발짝 늦는 것인지

— 「몰라」 전문

애 지 시 선